MITSUKO'S *90th* CLOSET

草笛光子
90歳の
クローゼット

はじめに
PROLOGUE

「90歳を前に、もう一度ファッションの本を出しませんか」
とお話をいただきました。
5年前に出版した『草笛光子のクローゼット』は
とても多くの方が手に取ってくださってその反響の大きさに驚いたほど。
何事も〝続編〟は大変なのです。私のクローゼットにはもうお見せする服はないし、
前作以上に出版すべきかどうか悩みました。
それでも、未曾有のことが起こる世の中で、
改めて装うことのおもしろさ、楽しさ、うれしさ……
なにより挑戦を失ってはいけません。
もしかしたら、スタイルが良いわけではない私を見ると、
8等身でなくても、こんなふうに着こなせるのだと、
皆さん勇気が湧くのかもしれないし、私でお役に立てるなら、と
再びクローゼットからあでもない、こうでもないと洋服を引っぱり出して、
億劫という気持ちと戦いながら、撮影に臨みました。
楽しんでいただけたらうれしいです。

CONTENTS

※本書の衣装は一部を除き、すべて個人の私物になります。ブランド名をご紹介していますが、メーカー等にお問い合わせされても現在お取り扱いがない場合もございます。予めご了承ください。

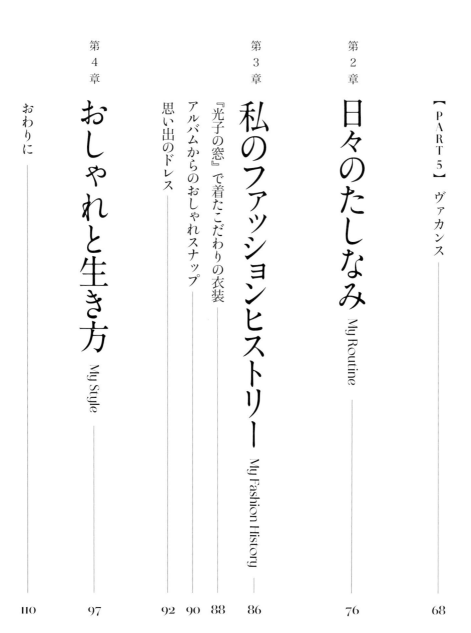

第1章

ファッション

My Coordinate Policy

CHAPTER

1

洋服に着られてはダメ。
未知の世界に飛び込む気持ちで
どんな服でも、
エイヤッと心意気で着こなします。

私のキーカラー
Nice looking
BLUE

2022年3月に行われた
第45回日本アカデミー賞授賞式のために、
オーダーメイドしたロイヤルブルーのドレス。
シルクチュールを贅沢に使っている。
「映画監督の若松節郎さんに
何気なく何を着ようか悩んでいるとお話したら、
“君にはブルーが似合う”と一言」
パンプスはオーダーメイド（P8も同様）。
ブロードウェイでミュージカル『シカゴ』を
観劇した際に訪ねた楽屋で、
敬愛する女優チタ・リベラが履いていた靴を
真似したデザインだそう。ジュエリーはすべてAkio Mori。

草笛さんのキーカラーであるブルー。
カジュアルなニットパーカでは
鮮やかなスカイブルーを選んだ。
ボトムスには、前後に動くたびにヒラヒラと揺れる
チュールが付いた白いワイドパンツを合わせて
エレガンスを足して。
ゆったりサイズのニットパーカは
lelill ／アナザーアドレス、パンツは銀座マギー、
白の厚底ミュールは NO NAME。

粋に着る *Paris* BLACK

「キリッと潔い、黒の着こなしが好き」
という草笛さん。
ロングコート＆パンツにハンチングの
マニッシュスタイルは、パリの粋を感じさせる。
ジュエリーはつけずにつけ衿と黒メッシュリボンを
アクセサリーにしているのがポイント。
黒コートは RICK OWENS、
チュール付き黒ワイドパンツは銀座マギー、
黒ハンチング帽は misaharada、
つけ衿と黒メッシュリボンは PAS MARQUE、
黒パンプスはヴェラ・ウォン。

大きなパフスリーブのショート丈ブルゾンがポイントの甘辛モノトーンスタイル。
白のロングシャツを合わせてワンピースのようなバランスにすると、ウエストまわりもすっきりカバーできる。
黒ブルゾンとプリーツスカートはY's（ヨウジヤマモト）、
チョーカーのように首に巻いた黒のリボンはPAS MARQUE、黒パンプスはヴェラ・ウォン。

着回しのきく白黒のパンツ

カジュアルからフォーマルまで様々なコーディネートで
着回しのきく白と黒のワイドパンツは、
本書でもたびたび登場しているヘビーローテーションアイテム
（P12-13、P14、P34、P46、P48で着用）。
前後にチュールが付いているのが特徴で、
「動くたびにヒラヒラと表情を作ってくれる」
ところもお気に入りポイント。
元々は銀座マギーで購入したもので、
後に同じデザインをオーダーメイドしたほど愛用している。

（PART）
1

TPOに合わせた着こなし

外出するときはほとんど
パンツスタイルの私ですが、
誰と会うか、どこへ出かけるのか、
TPOに合わせたコーディネートを心がけて
おしゃれを楽しんでいます。

SITUATION_ 01

ボーイフレンド犬 “サヴィ”とお散歩

行きつけのお花屋さんの前で出会った
ゴールデン・レトリーバーのサヴィちゃんとは、お互い一目惚れでした。
それからは、たびたび夕方のお散歩デートを楽しんでいます。

ボーイフレンドのサヴィちゃんとお揃いのお散歩スタイルは、
パリマダム気分の辛口のモノトーンで。ロング丈の白いTシャツの下に
黒のスリップワンピースを重ね着して、裾のレースをチラッと見せたのがポイント。
アクセントにグリーンのクラッチバッグとバングルを足して高級感を。
白ロングTシャツ＆中に着たレース付きスリップワンピースともに
PAS MARQUE、白い帽子はmisaharada、
パイソンのクラッチバッグはエスカーダ、バングルはAkio Mori、
トングサンダルはtsumori chisato WALK。

PAS MARQUE PAS MARQUE

SITUATION _ 02

近所のお花屋さんへ花選びに

お花や植物は大好きです。
お花屋さんを素通りできずあれこれ選んで、
顔なじみの店員さんに家に届けてもらいます。
季節の花を選んで、玄関やお部屋に飾るのは、
とても気分がいいものです。

シンプルなテーラードジャケット＋パンツスタイルには、
キャップやバッグ、アクセサリーをプラスしてコーディネート。バングル＆ブレスレットの重ねづけ、
クマ型のファーバッグなどで遊び心を忘れないのが草笛流。ミンクのクマのバッグにつけたチャームはエルメス。

普段着で愛用している
ユニクロのベージュのジャケットには、
ビタミンカラー“イエロー”の
プリーツ加工パンツを合わせて快活に。
足元は白のスニーカーで
すっきりと歩きやすさも確保して。
イエローグリーンの
スタッズ付きベルトはkolor、
レザースニーカーはジミー チュウ。

ジャケットの衿にシルバー×グリーンストーンのブローチをふたつ重ねづけ。
タンスの引き出しに眠っているブローチが素敵に蘇る。スタッズ付きの
イエローグリーンのベルトと手元のアクセサリーも差し色として一役買っている。

SITUATION _ 03

おしゃれの刺激を探しに デパートへ

お気に入りのデパートのひとつ伊勢丹新宿店でショッピング。
大好きな靴売り場には、必ず立ち寄ります。
流行をすぐに取り入れるわけではありませんが、
新しいものも試してみるというのが信条です。

CHRISTIAN LOUBO

「靴を選ぶときは、必ず手にとって、
横から眺めるのがコツ。脚がきれいに
映えるかどうかは横から見たときに決まります。
足元が決まっていると立ち姿も素敵ですから」
と語る草笛さん。伊勢丹新宿店 本館２階
クリスチャン ルブタン ショップで
目に留まったのは、「横顔が美しい」
キュートなショートブーツ。

洗練された白×グレーのコーディネート。
長めに巻いたスカーフがワンポイントアクセサリーに。
ライトグレーのコートは HERON、
白ノースリーブブラウスはエスカーダ、
白チュール付きワイドパンツは銀座マギー、
プラチナカラーのスエードパンプスはマノロブラニク。

本館２階にあるバー
“THE STAND” にて、
ちょっと休憩。
オールインワンは、
大人が着るとワンピースよりも
おしゃれ度がアップするアイテム。
靴は必ずヒールを合わせるのが
大人の着こなしポイント。
さらに、着脱がいっぺんに済むので、
試着をするデパートショッピングには
最適という利点も。
シルク素材の白のオールインワンは
ラルフローレン パープルレーベル、
首に巻いたチュールスカーフアクセは
PAS MARQUE、
ベージュのスエードパンプスは
BY MALENE BIRGER、
イエローのバッグは MANGO。

(PART)
2

おしゃれに見せる6つの鍵

ET

友人とのお食事会や舞台の観劇……など、
お出かけの装いは、
いつもよりもおしゃれに見せたいものです。
ファッショントレンドから、
大人のための6つの鍵を選びました。

CLO S

おしゃれに見せる
6つの鍵

01

ビタミンカラー

VITAMIN COLOR

イエロー×オレンジの少し攻めた
オールビタミンカラーの着こなしには、暖色系のあめ色バングルを
合わせて、シックに抑えるのが大人のテクニック。

「白髪になってから、洋服選びが楽しくなりました。
何色の服でも合うし、特に明るい色が似合うので、
黄色やオレンジも着てみたくなりました」
と話すビタミンカラーは、
シニア世代にこそ着てほしい色。
特に顔まわりに持ってくると、生き生きして見えます。
イエローのトップスはTALBOTS、
クリームイエローのパンツはエスカーダ、
大きなリボンがキュートなオレンジの帽子は
BLOOMINGDALE'S NEW YORK、
ピンクサテンのパンプスはロジェ ヴィヴィエ。

おしゃれに見せる
6つの鍵
02

アニマル柄

「こんなの持っていたかしら？」とご本人も忘れていた、
素敵なアニマル柄のシースルートップス２点を、クローゼットから発見。
右のモノトーンのトップスは Kulson Italy、
左のブラウン系のトップスは SAKS FIFTH AVENUE。

ANIMAL PRINT

何十年も前に買った、イタリア製のお茶目な猫が編み込まれたニットも
「エイヤッと心意気で着ちゃう」のが草笛流。
普通のヒョウ柄に見えるベレー帽には“猫の肉球柄”が隠れていてお茶目。
アンゴラのベレー帽は BARNEYS NEW YORK、
パンツは EUROPEAN CULTURE（P36・44）。

GILET

おしゃれに見せる
6つの鍵 03

ジレ

モスグリーンのハイネックトップス＆パンツのセットアップに、
ロングカーディガンを羽織った超シンプルなコーディネート。
そこにチャコールグレーのジレ（＝ベスト）をプラスしただけで、おしゃれに変身。
深いグリーンの帽子、両手首のシルバーバングルで、
メンズライクな中に女性らしさを加えて。カーディガンは Sita murt。
ケーパーグリーンのスエード×パテントレザーパンプスはジミー チュウ。

You Can Try!

何でもない服をおしゃれに変身させる“ジレ・マジック”は、ぜひ取り入れたいテクニック。両サイドにスリットがある麻素材のクリーム色のベストは、ノースリーブブラウスのようなデザインで合わせやすい。ベストはBEIGE,／アナザーアドレス。

OES! SHOES!

SHOES! SH

10 代の女学生の頃から「靴が大好き」な草笛さん。背筋をピンと伸ばして、
今もハイヒールのパンプスを履いて颯爽と歩く。右から、ピンクのサテンパンプスは
ロジェ ヴィヴィエ、バーガンディのパテントレザーパンプスはジミー チュウ、
ケーパーグリーンのスエード × パテントレザーパンプスはジミー チュウ、ネイビーのスエードパンプスはジミー チュウ、
白の厚底ミュールは NO NAME、バーガンディのベロアパンプスはジミー チュウ。

おしゃれに見せる
6つの鍵

04

ボーダー×水玉

若い頃から大好きだという
水玉模様のブラウスに、
ボーダーのジャケットを合わせた柄 on 柄の
トレンドコーディネート。
色味を合わせれば上品な印象になる。
ブルー水玉のガーゼ風素材ブラウスは
S＊O＊H＊O、
ネイビー×グレーボーダーのジャケットは
エスカーダ スポーツ、
黒チュール付きワイドパンツは銀座マギー。

BORDER×DOT

You Can Try!

定番の模様だからこそ、ちょっと個性的なデザインを選んで挑戦！
新しい自分を発見してみては？ ストライプ×ボーダーのMIXが
おしゃれなモノトーンノーカラーシャツはBEIGE,
タイダイ染風の水玉模様がオリジナリティのある
プリーツスカートはメゾン ミハラヤスヒロ。
／以上すべてアナザーアドレス

おしゃれに見せる
6つの鍵
05

シャツワンピース

シャツは草笛さんの定番アイテム。
白のキャミソール＋白のワイドパンツに、
サックスブルーのシャツワンピースを羽織って、
あえてドレスのようにエレガントに着こなす。
シャツワンピースはTHE ROW、
白チュール付きワイドパンツは銀座マギー。
白の厚底ミュールはNO NAME。

SHIRT ONE-PIECE

You Can Try!

シニア世代のクローゼットにも、
きっと1枚はあるシャツワンピース。長めの丈が
スタイルカバーもしてくれるし、ワンピースとしても
羽織ものとしても使える便利アイテムだから、
眠らせておくのはもったいない！
ブラウン×白ストライプのベルト付きシャツワンピースは
VICTORIA BECKHAM、ターコイズブルー×白ストライプの
シャツワンピースはMSGM 、
ブルー×白×黒ストライプのシャツワンピースは
rag & bone 。／以上すべてアナザーアドレス

BURGUNDY

バーガンディのティアードスカートには、
こんな深い赤のローヒールも似合う。
ゴールドのバックルがアクセントの
パテントレザーパンプスはロジェ ヴィヴィエ。

マルチカラーのニットに合わせて、
こんなポップな柄のレザートートを持つのも、
草笛さんの着こなしの遊び心。

おしゃれに見せる6つの鍵 06

バーガンディ

長い間、クローゼットに眠っていた、
カラフルなマルチカラーのボーダーニットが、
流行色バーガンディの
ティアードスカートをコーディネートして、
洗練されたカジュアルスタイルに復活。
おしゃれに見せる鍵は
キーカラーを決めて統一すること。
フレンチスリーブのニットは SORE、
バーガンディの
ベロアパンプスはジミー チュウ。

(PART)
3

先輩との思い出を着る

70年にわたる女優人生の中では、素晴らしい先輩方との出会いがありました。憧れた方、可愛がってくださった方、友人として親しくしてくださった方……。

そんな方々との、大切な思い出を纏《まと》いました。

ウィーン、シェーンブルン宮殿にて

wear memories

原節子さんを真似したマント

何十年前になるでしょう。当時、マントがとても欲しくて探していました。そんなとき、偶然見かけた映画のポスターで、原節子さんが着ていらした後ろ姿が素敵で。「あれが欲しい！」と、真似をして作ってもらいました。もちろん原さんには、お許しをいただきました。

杉村春子さんのネグリジェ

wear memories

たしか亡くなられる1年ほど前、舞台『晩菊』でご一緒したときにいただいたネグリジェです。「ハワイでもらったんだけど、新婚旅行で着るものらしいのよ。私はもういらないからあげるわ。着てちょうだいね」と、当時60代の私におっしゃるような、とても愛嬌のある方でした。

越路吹雪さんのコートと 吾妻徳穂さんのヒョウ柄ドレス

wear memories

ベージュのコートは、42年前に56歳の若さで亡くなった
越路吹雪さんの形見です。
そして、ゴールドのヒョウ柄ドレスは、私の踊りの師匠であった、
舞踊家・吾妻徳穂さんのご家族から、
形見としていただいたもの。

ベージュのスエードパンプスは
BY MALENE BIRGER。

吾妻徳穂先生の人間味に惚れ込んでしまいました

24年前亡くなられたときに形見としていただいた、舞踊家・吾妻徳穂さんのヒョウ柄のドレスは、本書の撮影で初めて袖を通しました。こんな派手なドレスは、なかなか着る機会がありませんから。

吾妻先生は世界を舞台に活躍された舞踊家です。通っている美容院が一緒で顔見知りではありましたが、著書を読んで、その生き方や人間味に惚れ込んでしまって。それで、傍で学びたいと思ったのです。

「60の手習いです。弟子にしてください」そう頭を下げたら、江戸っ子風に「そうかい、やるかい、いいよ」の一言で、弟子入りを許してくださいました。踊りのお稽古に伺うと、小さなお膳が用意されていて、いつも夕飯をご一緒しながら、いろいろなお話を聞くのが楽しみでした。世界をまわってきた方ですから、お家の中はまるで美術館のようで、有名な画家の絵画や書、芸術家の写真などが、ずらりと飾られていたのを覚えています。

私の舞台の楽屋にも「お茶を飲ませて」と、ふらっといらしたり。お友達のような関係でもありました。

お稽古には、吾妻先生がお亡くなりになるまで通いました。最後はだいぶ体が弱られて、足をもんでさしあげると「こんなことしてもらって」と、うれしそうな顔をされていたのが忘れられません。

（PART）
4

タンスに眠っている服と小物を蘇らせる

役作りにいつか役立つかもしれないという思いから、何十年も前の洋服やアクセサリーはずっとクローゼットに置いてあります。

時代遅れだと思っていたものたちが、ちょっとした工夫でまた着られたら、なんだか得したような、楽しい気持ちになります。

ITEM. 01 Party Jacket

パーティジャケット

着る機会のなくなってしまった、
肩パッド入りのフォーマルなジャケット。
縫製のしっかりした上質な本物なのに
しまっておくのはもったいない。
普段の外出着として着こなしましょう。

鮮やかなブルーグリーンの
ジャケットが映えるようにボトムスには、
ライトグレーのロングタイトスカートを。
アクセントにはジャケットと
同系色のスカーフを合わせて、
華やかな印象に。テーラードジャケットは
エスカーダ、シルエットが
美しいロングスカートは
ジョルジオ・アルマーニ、
シルクスカーフはCHANEL、
ライトグレーのパンプスはマノロブラニク。

ITEM.

01

Party Jacket

パーティジャケット

ボタンとカフスの花型ビジューが
ゴージャスなブラックジャケットは、
あえて、カジュアルなピンクの
水玉模様のパンツをコーディネートして、
キュートに着こなす。シルクの
ジャケットはYUKISABURO
WATANABE MICH、
ピンク地にブラウンドット柄のパンツは
ZARA、黒パンプスはヴェラ・ウォン。

ITEM. 02

今風のスカーフアレンジ

Scarf Arrangement

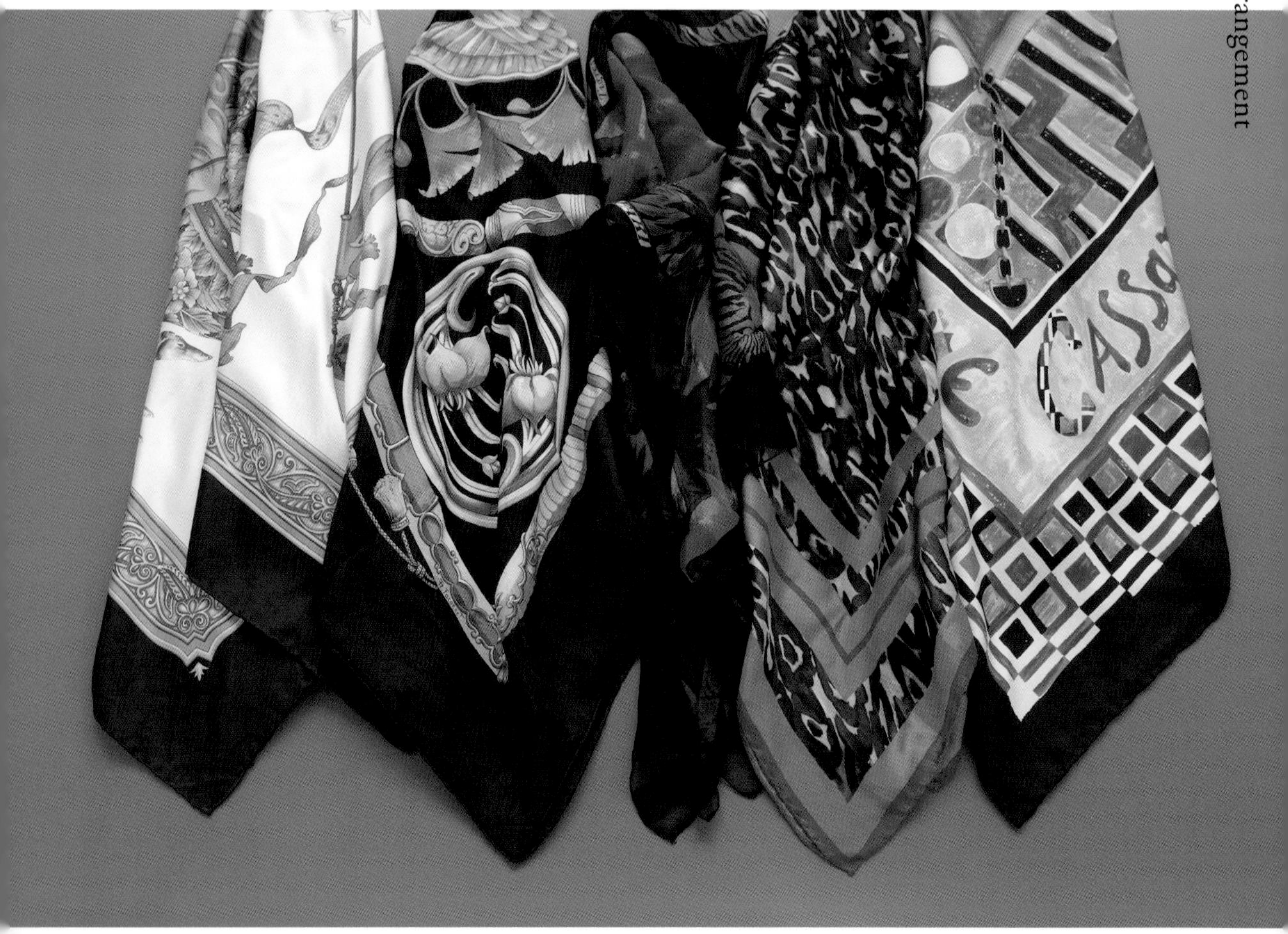

タンスの引き出しにたくさん眠っているシルクのスカーフ。
きっと皆さんも同じではないでしょうか。色や柄が詰まった
映えるアイテムですから、巻き方を工夫してどんどん使いましょう。

ロングコートとストレートパンツの
縦長シルエットに合わせて、
スカーフを長く使います。
スカーフの一角を持ち、シュッとできる
自然のドレープをそのまま
首に巻き付けるイメージ。
首まわりの分量は少なくするのがポイント。
歩いたときにスカーフがなびくように、
また高身長に見えるように
「縦使い」するのが
今風にスカーフを使うコツ。

「役の小物に使うこともあって、
スカーフは上等なものから安価なものまで
数はたくさん持っています」
CHANEL のスカーフはプリントの
美しさをダイレクトに味わうために、
大胆に肩にかけて。シンプルな
黒のワンピースをシックに素敵に見せる
立役者に。上等なスカーフほど、
どんなたたみ方をしても自然に素敵に色柄
が出るもの。黒ワンピースはアドルフォドミ
ンゲス、黒の帽子は Jennifer Hoertz、
黒バッグは HANAE MORI。

今風のスカーフアレンジ

61ページと同じ手法で
巻いたスカーフ。ドレープの出方は
そのときどきで異なるが、
自然にできた波を
そのまま生かすように巻いて。
首まわりの面積を少なくすると、
見せたい所にすとんとスカーフを落とせる。

ITEM. 03 Necklace

つけ方で変わるネックレス

ネックレスもそれはたくさん持っています。
以前は、ニューヨークに行くと
必ずアクセサリーショップをのぞいて買っていました。
繊細なジュエリーではなくゴチャゴチャと
存在感のあるタイプが私の好みです。

デコラティブなイヤリングとセットで使うときは、
ネックレスの一部を白Tシャツの中に。
全部見せるのではなく、少し隠して粋に。

本来は一連巻きのものを二連に。
普通には装わないところが草笛流。
昔勢いに任せて買ってしまった
ネックレス類に日の目を当てて。

ペンダントトップタイプは、
飾りを中心から左右どちらかに
ズラしてつける。
ちょっと外すことが楽しい。

白ロングTシャツは
PAS MARQUE。

ITEM.
03
Necklace

つけ方で変わるネックレス

ビーズと刺しゅう糸の
ロングネックレスは色違いの
２本を束ねてぐるりと首に巻き付けた。
首に通して使うのが王道だが、
発想豊かにスカーフのように巻けば、
一気におしゃれ上級者。

（PART）5

ヴァカンス

私がプライベートで一番多く訪れた場所は
ニューヨークです。
旅の目的は、もちろんブロードウェイで
ミュージカルを観劇するため。
22歳のときから、毎年、ニューヨークに
行きました。何年続けたでしょうか。
数えられないほどです。あの街に
行くと、帰って来たという感覚がするのです。

Vacation

旅先での装いは動きやすさ重視ですが、
おしゃれ心は忘れずに。
デニムジャケットとスニーカーの
カジュアルスタイルに、フレアスカートを
合わせて大人のエレガンスを表現。
デニムジャケットは
TRUST CLUB LE COLLEZIONI、
グレーフレアスカートはアドルフォドミンゲス、
ライトグレーの帽子は
BARNEYS NEW YORK、
グレーのバッグは
イヴ・サンローラン（P69）、
白いメッシュの
厚底ハイカットスニーカーはALDO。

DAY LOOK

Vacation Style

EVENING LOOK

Vacation Style

ジャージー素材のグレーの
トップス＆フレアスカートは、
シワになりにくく着回ししやすいので
旅先に持って行くのに最適。
実はDAY LOOKのスカートは同じもの。
1着でカジュアルにもフォーマルにも
着こなせてとても優秀なアイテムです。
トップス＆スカートは
アドルフォドミンゲス、
グリーンのパイソンクラッチバッグは
エスカーダ、ネイビーの
スエードパンプスはジミー チュウ。

昭和42年3月。兼高かおるさんと旅した
バチカン市国で、ローマ法王からいただいたメダル。

ブロードウェイ通いの
きっかけは22歳の初外遊

89年の人生で最も訪れた海外の街、ニューヨーク。

そうなるきっかけとなったのは、1955年の初めての外遊でした。出演した映画『修善寺物語』がヴェネツィア国際映画祭に出品されることになり、今は亡き松竹の城戸四郎社長ご家族が現地を訪れる旅に、私も加えていただきました。22歳の私にとって夢のような1か月半。ヴェネツィアでは毎日和服姿で、映画祭会場に出かけたり、パーティに参加したりと忙しく過ごしました。ヴェネツィアでの仕事を終えると、ローマ・ナポリ・ポンペイなどあちこち訪れ、スイス、現在の西ドイツをまわってパリへと向かいました。城戸社長は絵がお好きで、旅行中いろいろな美術館に私を連れて行ってくださいました。靴が一足だめになるくらい歩きまわって、本物の名画をたくさん見てまわる毎日。初めてのヨーロッパはすべてが新鮮で、とても楽しい旅でした。パリ滞在を終える頃、突然、城戸社長がおっしゃったのです。

「ニューヨークへ行ってみたいだろう？　ここから一人で行ってきなさい」と。旅行中、歌ってばかりいる私を見てミュージカルへの関心の強さを悟ってくださった城戸社長が、背中を押してくださいました。ニューヨーク行きが思わぬ形で実現して、私は一人で飛行機に乗り憧れの地に向かいました。

ブロードウェイで初めて観た本格的ミュージカルは、『シルク・ストッキング』と『ファニー』。「これがミュージカルか！」という感動と衝撃は今でも忘れ

Vacation Style

Travel memory

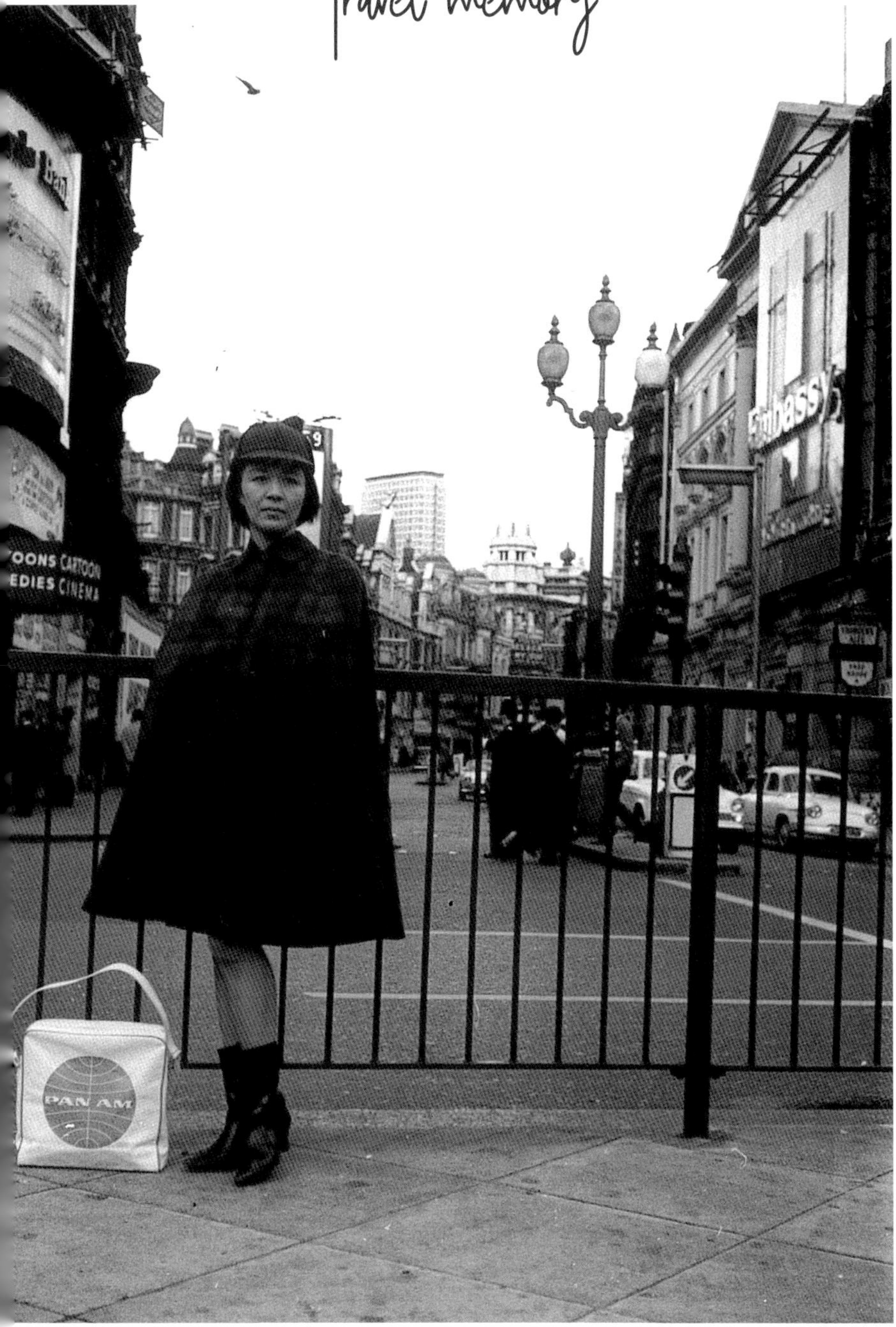

ロンドンにて

知人を訪ねて初めて英国を訪れた20代の頃。現地で買い求めたブリティッシュスタイルで。

ません。体中がミュージカルの魅力であふれんばかりで、観た舞台の音楽が収録されたレコードを抱えて日本に戻りました。

このときから、毎年1回の私のブロードウェイ通いが始まったのです。

20代から、ミュージカルを観るために毎年訪れた
N.Y.ブロードウェイ。
日本でミュージカルを上演したいという
情熱が実を結び、その後、『ラ・マンチャの男』
『王様と私』『ピピン』『シカゴ』などの名作に出演。

Vacation Style

Travel memory

ハリウッドのスタジオを訪問

スタジオの食堂での食べっぷりの良さを気に入られて、映画『十戒』のセシル・B・デミル監督に写真撮影を申し込まれた。

フランス、ロアールの古城で

22歳で、ヴェネツィア国際映画祭へ出席するために初海外へ。イタリア、スイス、ドイツ、フランス……1か月半の「楽しい旅でした」。

宝田明さんとサンパウロ公演へ

ふたりで歌ったり踊ったり、東宝映画祭の公演をホノルル、ロサンゼルス、ニューヨーク、サンパウロ、リマをまわって約1か月おこなった。その後、一緒に香港で映画撮影も。

年1回は足を運んだN.Y.

毎年、ブロードウェイ通いをしていた頃。「そのために一生懸命に働きました。伸び伸びとしていたあの頃に戻りたい !?」

ロンドンのウエスト・エンドへ観劇に

1998年に出演した舞台『エイミィズ・ヴュー』の準備のために、ロンドンで上演中の舞台を観劇したときのスナップ。

第2章

日々のたしなみ

My Routine

CHAPTER

2

私の朝の習慣は、いたってシンプルです。
簡単な体操をする、梅干し入りの煎茶を飲む、
両親の仏壇にお参りする、新聞を読む。
それだけで、心身を整えることができるのです。

CHAPTER（2）

MY ROUTINE

日々のたしなみ

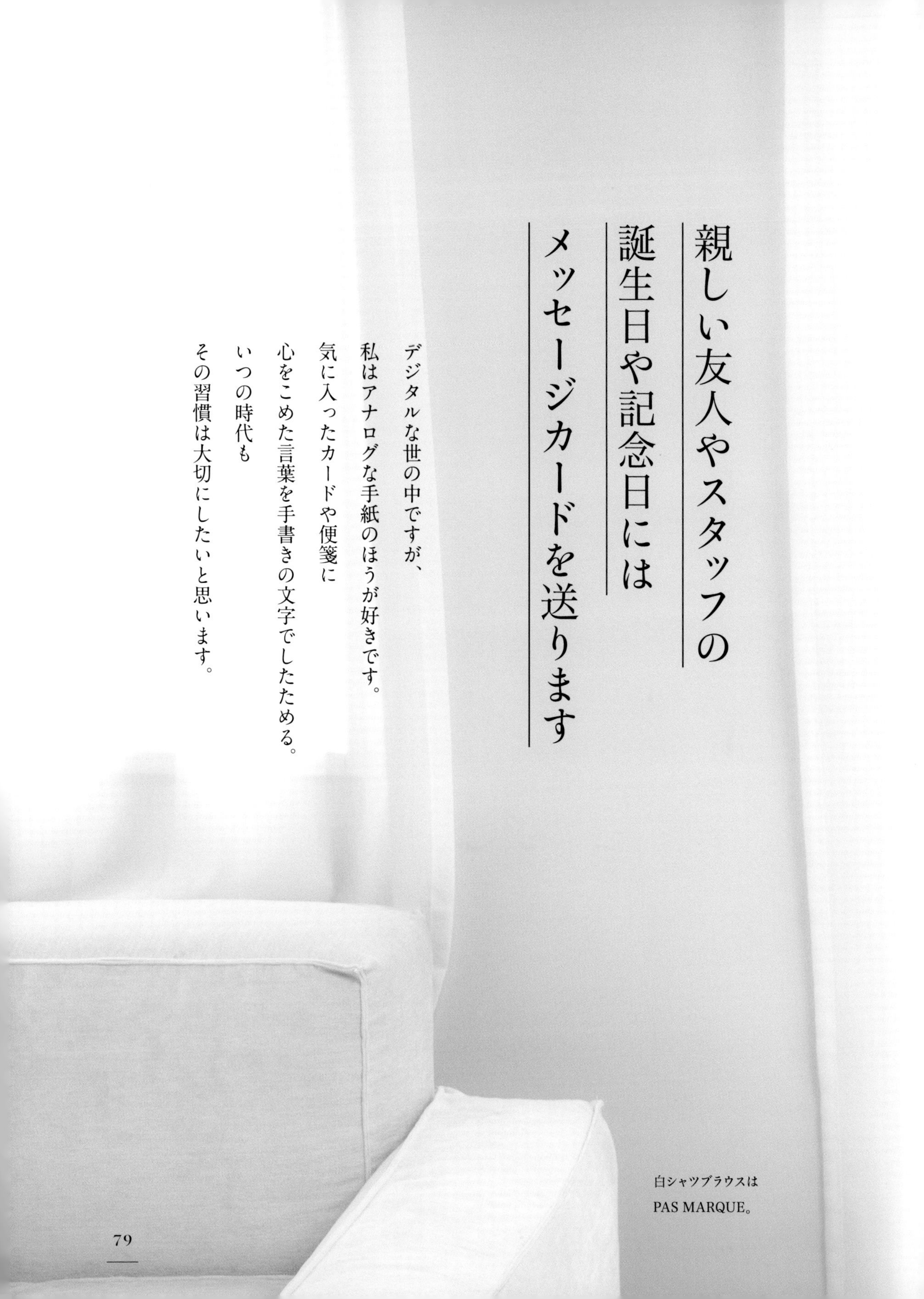

親しい友人やスタッフの誕生日や記念日にはメッセージカードを送ります

デジタルな世の中ですが、
私はアナログな手紙のほうが好きです。
気に入ったカードや便箋に
心をこめた言葉を手書きの文字でしたためる。
いつの時代も
その習慣は大切にしたいと思います。

白シャツブラウスは
PAS MARQUE。

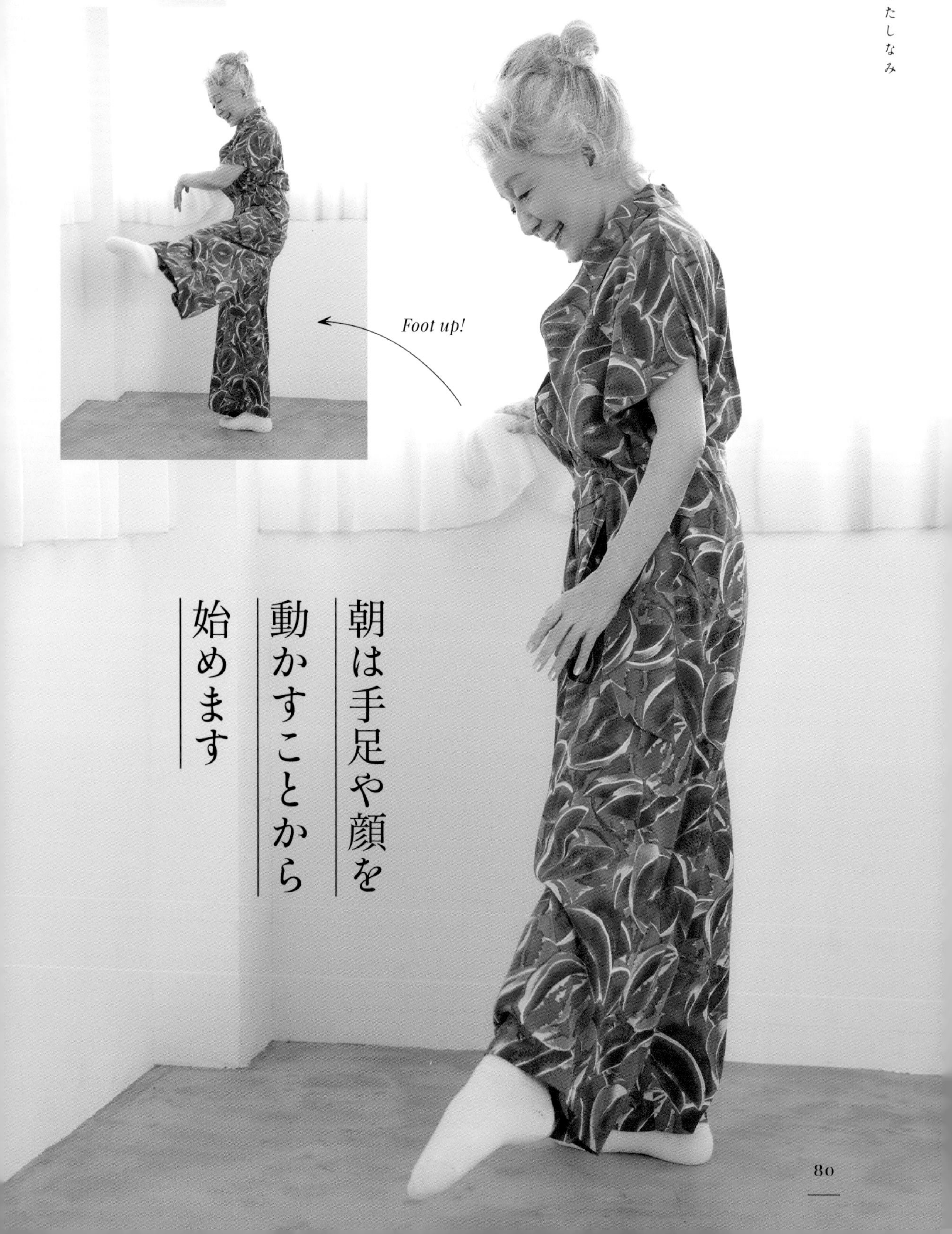

朝は手足や顔を動かすことから始めます

パッションフルーツ柄のオールインワンはISLAND POWER、
靴下はユニクロ。

毎朝、目が覚めたら、ベッドの中で背伸びをします。
それから手の指を一本ずつ動かし、腕全体、
足の指先から脚全体もぐーんと伸ばします。
耳、顔、首……と3〜4分、マッサージと
ストレッチをして体を温めて、動ける体にしてから、
腰を痛めないように体を横向きにして起き上がります。
それから、ベランダへ出て深呼吸を10回。
深呼吸は寝る前にもします。

白地に黒ドット柄のブラウスは
ユニクロ。老眼鏡も
洋服に合わせてコーディネート。
（下）メガネ型拡大鏡 ZOOMY、
（左ページ）つるがパールの
２ポイントのメガネはカルティエ。

毎朝、新聞を読みます

新聞を読むことも、長年の習慣です。
政治、経済、事件……
常に世の中の動きを知ることは、
女優という仕事にとっても
大事なことだと考えています。
いろいろな視点を知るために
複数の新聞を読みます。
スポーツ面にも目を通しますし、
大谷翔平選手の記事もチェックしますよ。

おめざの〝梅干し入り煎茶〟

「窓を開けて部屋の空気を入れ替えて、おいしいお煎茶を淹れ、
梅干しをひとつ入れていただきます。ぼーっとしている頭もすっきりするんです。
幼い頃、『朝茶はその日の難を逃れる』と祖母に教わってから、
朝のお煎茶は私の大事な習慣です」

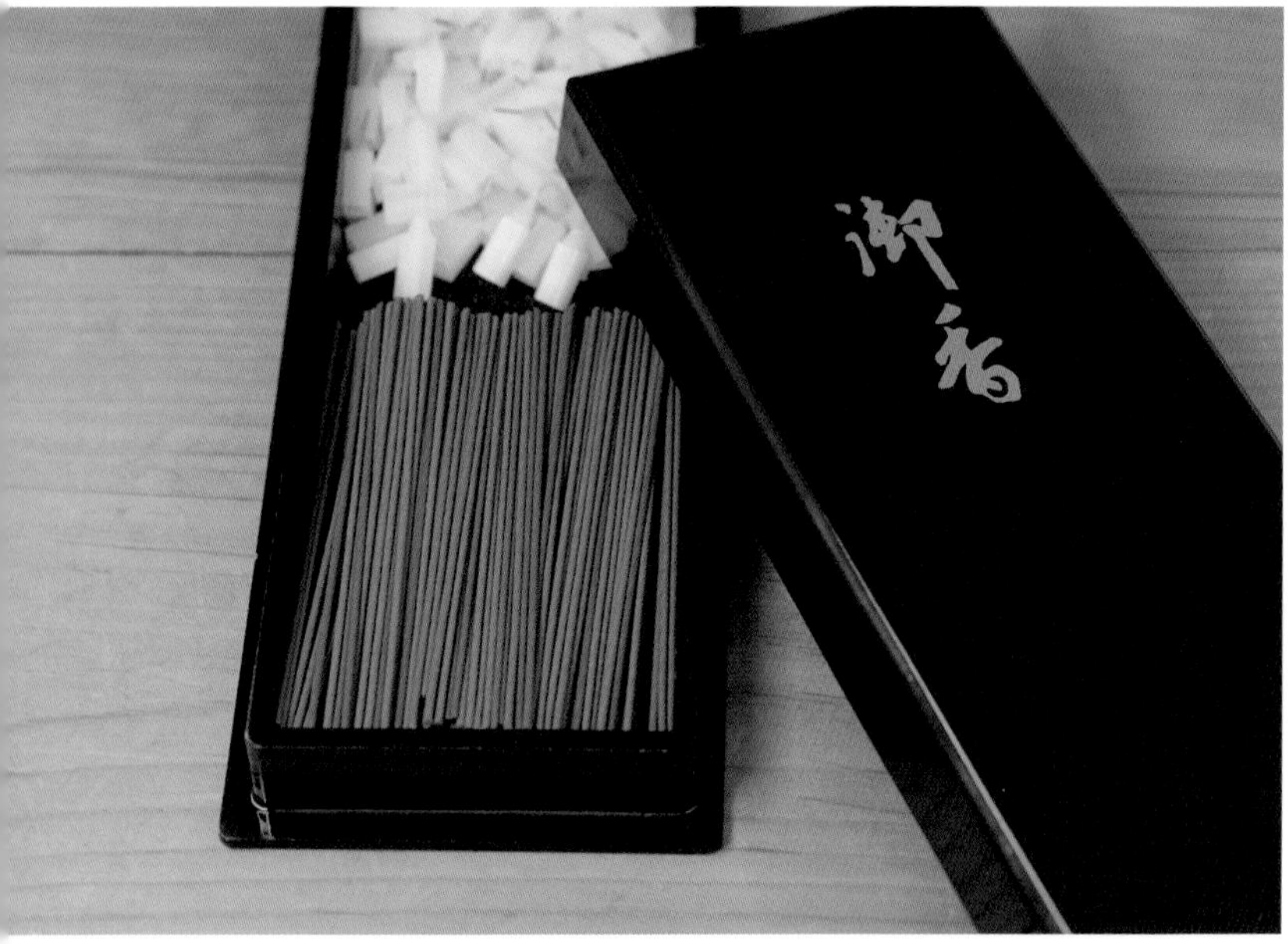

毎朝のお参り

「そして、仏様用のお茶を淹れて、両親の仏壇にお参りします。
私にとって、父と母と語り合うとても大切なひととき。大切な時間に立てる
お線香にもこだわりがあります」。今は好文木のお線香を愛用している。

毎朝のお参りに欠かせないロウソク。
10分で消える小さなロウソクは、安心・安全でちょっとかわいい。

MITSUKO'S
CLOSET

My Fashion History

CHAPTER

3

第3章

私のファッションヒストリー

70年の女優人生で、数えられないほどの
衣装を身に纏《まと》いました。
演じるために洋服を着る。
私の人生と服はセットなのです。

この番組での経験は、女優としての宝です

『光子の窓』で着たこだわりの衣装

私が司会を務めていた音楽バラエティ番組『光子の窓』。放送されていたのは、今から60年以上も前のことになります。その頃は収録なんて機能がありませんから毎週日曜日、午後6時半からの生放送。本番の3日くらい前に台本ができ上が

これが『光子の窓』の伝説のオープニングシーン。
毎回、草笛さんはこだわりの衣装で登場した。

毎週日曜日、午後6時半からの生放送。当時、最先端でおしゃれな日本初の音楽バラエティ番組だった。

ると、衣装担当のメイ・S・青木さんと衣装を決める。その繰り返しです。とにかく生放送ですから、本番中にグランドピアノの下にもぐって着替えたことも。着替えているときに、永六輔さんと目が合って「見ないで！」なんて一幕もありました。

司会進行をしながら、休む間もなく歌とダンスをやらなければならないこともしょっちゅう。両方に対応できるような衣装は売っていませんでしたから、洋裁店をやっていた母に作ってもらうことも多かったのです。母なくしてはあの番組はできなかったと思います。

スカーフ1枚、花1輪で役を一瞬にして変えるような工夫も学びました。スタッフは若くて意気軒昂、おしゃれで最先端な男性ばかり。あれをやろう、これをやってみようと彼らと力を合わせたことは、私の青春。

そして、世界的オペラ歌手の藤原義江さんと『椿姫』など3大オペラをご一緒して。歌舞伎俳優の五代目中村富十郎さんとは『勧進帳』の弁慶をやらせていただいて六方も踏みましたし。女優としての宝をたくさんいただきました。当時も「こんな経験ができて君は幸せだよ」と言われましたが、今、心からそう思います。

from MITSUKO'S ALBUM

アルバムからのおしゃれスナップ

草笛さんのプライベートなアルバムから、
キラキラした美しさが眩しい
若かりし頃のスナップショットを初公開！

アルバムから見つけた貴重なスナップ。
ヌーヴェル・ヴァーグ時代の
フランス映画の
ワンシーンのような、
20代の草笛さん。

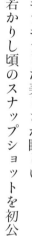

女学生の頃から特別なオーラを放っていた

凛々しさのある、この美しさは今も健在

ミュージカルに夢中になっていた20代

どことなく幼さが残る笑顔が輝いている

思い出のドレス

コンサートやディナーショー、レセプションやパーティなどで着たドレスは、全部、大切にクローゼットにしまってあります。すべて、オーダーメイドで作ったもので、生地選びから始めて、気に入った色がなければ染めてもらうこともありました。毎年、ニューヨークを訪れては日本にないようなスパンコールの生地などを探して購入しておくのです。

女優という仕事柄、華やかなドレスが必要なことも多いのですが、できるだけシンプルでシルエットが美しく見えるデザインにこだわりました。自分でデザイン画を描いて作ったものもあります。

昔は、ドレスに合う靴がなかなか無かったので、ドレスと同じ布で靴もオーダーメイドしていたものです。

デザインが時代遅れになったものや、サイズが合わなくなったドレスは、いつもお願いしているスタイリストさんと相談して、リメイクをして着ています。せっかく高いお金をかけて作ったドレスですから、そう簡単には処分しません。

先日の日本アカデミー賞の授賞式のために、ブルーのドレスを新調しました。ドレスは、それぞれに女優人生の思い出がセットになっている、大切なものです。

上半身の全面がスパンコールの、
華やかで清潔感のある白のドレス。
昨年リメイクして今も着ています。

from MEMORY DRESS

上半身部分のスパンコールと、
張りのあるタフタを贅沢に使った
ティアードスカートがゴージャスな
ベビーピンクのドレス。
セクシーなワンショルダーだが
上品さが漂う。

from MEMORY DRESS

草笛さんが 60 歳で弟子入りした踊りの師匠、
舞踊家・吾妻徳穂さんの形見のドレス。
黒の大きなリボンがデザインされた、
バックスタイルが美しい。
「着る機会はないけれど大切にしまってあります」

1998年、
第49回NHK放送文化賞
受賞記念パーティで着用した、
鮮やかなオレンジのドレス。
花飾りがゴージャスな
真っ赤なつば広帽は
SEEBERGER EST.1890。

My Style

CHAPTER

4

第４章

おしゃれと生き方

おしゃれも人生も、飾るより土台が重要。

変に装ってもダメ、すぐバレます。

中身で勝負、

私はそういう人でありたいのです。

辛いことの分だけ靴を買った

昔から、洋服よりも靴のほうが好きでした。マネジャーをしていた母からは「ヤマタノオロチじゃないんだから、たくさん持っていたって仕方ないでしょ」と言われていましたが、素敵な靴が好きなのです。街で靴屋さんを見かけると足が止まってしまいます。

20代前半、日比谷の東宝劇場の舞台に立っていた頃のことです。私は松竹から東宝に移籍したばかりで、いきなり主役級でしたから、周囲から心無いことを言われたりして悲しいこと嫌なことがたくさんありました。そのたび舞台の地下の奈落の暗闇で、ワーッと怒鳴ったり、声を出して泣いていたんです。

そして、ひと泣きすると、サングラスをかけて隣のビルへと向かう。行先は、地下にある靴屋さん。派手な靴だったり個性的な形の靴がそろっている中国人店主のお店でした。

そこで、気に入った靴を1足買うのです。自分へのご褒美と癒しです。〝よしよし〟と自分をなぐさめる。「あぁ、また買っちゃった」と思うけれど、それでまたニッコリ次の舞台に出られるのです。

そうやって、辛いことがあるたびに、その靴屋さんで靴を買っていたので、どんどん増えちゃった。それだけたくさん、嫌なことがあったということです。今なら負けませんけど、そんな時代もありました。

いっぱい集めすぎたので、足のサイズが合う方にだいぶ差し上げてしまい、今はその頃の3分の1くらいの量です。

最近の普段の靴選びは、素敵よりも身体が大事。転んでしまわないように気をつけています。

飾るよりも土台が重要

母に言われました。

「光子ちゃん、一番きれいなのは、女性の裸よ」

これが母親の言葉かしらとびっくりしましたが、

「洋服が美しいのではなくて、中身が美しいことが大切」だと

伝えたかったのでしょう。飾るよりも土台が重要なのです。

中身が魅力的であれば、高価なアクセサリーをつけなくても、

おのずとその人の品の良さが出るものです。

もっと言えば、人間性。

「光子ちゃん、きれいに生きましょうね」も母の言葉。

中身が空っぽで、いくら着飾ってもむなしいだけですからね。

歩き方、座り方ひとつで、スタイルを良く見せる

ミュージカル『王様と私』(1997年)で英国人教師アンナを艶やかに演じた。

写真提供／東宝演劇部

私が洋服を着るときに気をつけることは、歩き方と座り方です。

ミュージカル『王様と私』のアンナの衣装も、最初は

「どう着こなしたらいいのかしら」と思案しました。

舞台では衣装も素敵に見せなくてはならないので、

着たことのないような衣装の場合は、少しひるみます。

そういうときは、「コノヤロウ」って、

洋服に負けない強い気持ちを持って着るのです。

でないと舞台で動けませんから。女優は動くのが仕事ですから、

私は雑誌のグラビアの撮影中も動きます。歩き方や座り方ひとつで、

洋服を素敵に着こなせると思うからです。そんなふうにして、

あまり良くないスタイルを良く見せようとしているんです。

洋服を着る＝生き方そのもの

おしゃれはその人の生き方に、
付随してついてくるもの

女優は、
服も演じなければいけない。
どんな難しい台詞も、
うまく言わなければ
ならないのと同じこと

着るのが
恥ずかしいと思った洋服も
試してみる。
良いと言ってくれる人の
言葉を信じて、
未知の世界に飛び込む

私のクローゼットは
度胸の塊。
〝コノヤロウ〟って気持ちで
着ちゃうの

昔買った
アクセサリーを
つけるのも
度胸です

女優になっていなかったら、洋裁の仕事をしていたかもしれません

少女の頃も、特におしゃれに関心が高いほうではありませんでした。戦後、横浜で洋裁店を営んでいた母は、私と違って、ファッションに関して大胆なセンスを持っていました。

あるとき母は、赤い着物用の雨コートを壊して、私のコートを作ってくれました。あの頃、女学校で赤いコートを着ている人は誰もいませんから、「嫌だな、大丈夫かしら?」と不安な私の様子を気にもせず。

母はそういうのを平気で、パッと着せちゃうような人でしたから、自然と個性的な装いをすることに慣れていったのでしょうね。

母の洋裁店はミシンが2台、お縫い子さんが3人の小さなお店で、私もアイロンをかけたり、ボタン付けをしたり、ときにはかぎ裂きを直したりと母の手伝いをしました。そのうち腕をあげて、母に裁断してもらったスーツが縫えるまでになりました。私の隠れた特技です。女優になっていなかったら、母の後を継いで、洋裁の仕事をしていたかもしれません。

「母は、腕のいい洋裁師であり、
偉大なマネジャーでした」

最高のブレーン「草笛光子を守る7人の侍」

私にはSKD（松竹歌劇団）時代から、「草笛光子を守る7人の侍」と名乗り、何かと守ってくださる、おじさま方がいました。メンバーは、舞台評論家の尾崎宏次さん、当時はNHKにいらしたアナウンサーの高橋圭三さん、映画監督の中村登さん、SKDの高鳥団長、私のマネジャーの鈴木茂さん、松竹の佐々木市郎さん、放送ライターの西沢実さん。

この方たちと、ひと月に一度くらい集まっては、飲んだり食べたりしていました。毎回、時間がたつと「クリ（草笛さんの本名から）はもう帰れ。遅くなるぞ」と追い払われ、7人の侍たちは夜の街に遊びに行ってしまうんです。たぶんそちらが目的だったのかもしれませんが、気軽で楽しい会でした。

皆さんピリッと辛口で、私の仕事を褒めてもくれませんし、姫扱いもしない。でも、公私ともに私にとって良くないと思うことがあれば、手を差し伸べてくださった。女優・草笛光子の最高のブレーンでした。

ミュージカルの道へ進むために、快く東宝への移籍を許してくださった松竹の城戸四郎社長、『光子の窓』のディレクター・井原高忠さん……。

私の人生、お金には縁がないけれど、人には恵まれてきたと思います。

1959年11月公演の寒さに耐えながら
素足で臨んだ、女優魂。

食堂車で隣り合わせたご縁で……

20代は、二代目尾上松緑さんとご一緒に歌舞伎をやらせていただいたり、初代水谷八重子さんの代役として新派の舞台にも立たせていただいたり、女優としては、貴重な体験をさせていただきました。

26歳のときには、オペラにも出ることになりました。オラトリオ『火刑台上のジャンヌ・ダルク』。演出は安堂信也さん、音楽は岩城宏之さん指揮する東京フィルハーモニー交響楽団で、私は主演のジャンヌ役です。

これにはエピソードがありまして。東京駅から列車に乗って舞台を観に行く途中、偶然食堂車で、その舞台関係者と隣の席になり「今、ジャンヌ・ダルク役を探している」とおっしゃったんです。そこで、「ジャンヌならここにいます」と放った私の同行者の一言から、実現しました。

私は、いいところに置いていただける運を持っているのかもしれません。この舞台はジャンヌ・ダルクが刑場で処刑されるまでを、裸足で2時間、立ちっぱなしで演じるハードな役。生放送の『光子の窓』をやりながらでしたから、我ながらよくやったなと思います。若い頃に、うんうん苦しんで無理をしても挑んだ経験は、今も私の心と体に生かされています。

トリプルキャストに泣いたことも

ミュージカル『ラ・マンチャの男』との出会いは、運命的でした。

1967年3月、私は出演する予定だったミュージカルが、理不尽な形で出られなくなって、今思い出すだけでも、倒れそうになるくらいのショックを受けました。

ちょうどテレビ番組の『兼高かおる 世界の旅』に誘われて、ヨーロッパからニューヨークをまわるスケジュールで渡航する前々日に、降板を告げられたのです。もう女優をやめよう。失意の中たどりついたニューヨークで、すすめられて観たのが『ラ・マンチャの男』でした。「こんな舞台があったとは！この舞台を絶対にやってみたい！」。頭を殴られたような衝撃を受けたのです。

主人公ドン・キホーテに高貴な姫と思い込まれてしまう、安宿で働く女アルドンサを演じることができたら、もう一度女優をやろうと決意して帰国しました。帰国後、劇作家で演出家の菊田一夫先生に頼み込み、『ラ・マンチャの男』の上演権を東宝でとっていただきました。そして、1969年、36歳のとき、念願の帝国劇場での公演が決まったのです。実際に自分がやるとなると、本当に命がけでした。体ごと引きずりまわされたり、足からつるされたりしますから、ひとつ間違えば大けがです。

さらにきつかったのは、アルドンサ役をトリプルキャストで演じたことです。今ではダブルキャスト、トリプルキャストは当たり前になりましたが、

日本初演（1969年）から再々々演まで、
ヒロイン・アルドンサを演じきった。

写真提供／東宝演劇部

当時はこのことで世間も過熱。公演が進むにつれて、劇評で3人が比べられるのも辛いことでした。ブロードウェイの舞台で観た演技に自分が及ばない悔しさと情けなさもありました。そうしたあれこれが積み重なり、体も心も疲れ果ててしまって。

ある朝4時に目が覚めて、ふらふらと大通りまで歩いて、車に飛び込もうとしたのです。でも、そんなときに限って、ダンプカーどころか、小さな三輪のトラックが、ゆっくりゆっくり走ってくるだけ。「あれにぶつかったら、向こうが転がっちゃうわ」。そんなことを何度か繰り返して諦めて家に帰って、母に電話をかけました。「死ねなくて、帰って来ちゃった」と打ち明けると、母は大笑いしたのです。娘がこれほど苦しんでいるのにと腹が立って、そのまま寝ました。目が覚めると枕元には真っ青な母の顔がありました。横浜の家から、心配のあまり飛んで来たと言います。電話ではわざと笑い飛ばして、死神を追い払ってくれたのでした。

結局、ほかの女優さん二人が体調不良になって降板してしまい、アルドンサは千穐楽まで、私一人で務め、翌年は私一人で演じました。

苦しいとき一番の力は、わかってくれる人が近くにいることです。どなたにもそういう存在があればいいのですけれど。

1963年、飛行機の中で偶然お会いした作曲家の黛敏郎さんが、「草笛さん、ミュージカルをやりたいんじゃない？　僕が、何か考えてあげましょうか？」と離婚して傷心の私におっしゃったんです。

私は、即座に「やりたいです。お願いします」と答え、三島由紀夫さん監修、黛敏郎さん音楽監督の『コンサート型式によるミュージカルの夕べ』が実現することになりました。プログラムは三部に分かれ、第一部は「ショー・ボート」などのミュージカル・ヒットナンバーを披露。第二部はフランキー堺さんとふたりで掛け合いしながらの「即興的ミュージカル試論」。第三部は、「ウエスト・サイド・ストーリー」。まだ日本で上演されていなかったので、レコードをNHKから借りて譜面を起こす大変な作業でした。

そして、会場は上野の東京文化会館。文化会館は、当時はクラシックコンサートにしか会場を貸し出さず、この場所で公演をするのも大きな挑戦でした。会場をお借りしたいとお願いしたところ、最初はけんもほろろに断られました。「だめです」と言われれば言われるほど「よーし、実現させてみせる」と燃えるのが私。何度も通ってなんとか一日だけ貸してもらう許可が下りました。

ただし、スポンサーがついていたわけでなく、経費のすべては自腹。ここでケチったら女がすたると意気込んだ結果、たった一晩の公演で、貯金通帳は空っぽになりました。マネジャーをしていた母に「貯金なくなっちゃった」と言ったら、「いいじゃないの。何とか食べていけりゃいいんだから」と。肝の据わった母だったので助かりました。

チケット一枚一枚に自分たちでハンコを押すような手作りの公演でしたが、才能あふれる皆さんが集まってくださったことに感謝しています。

ミュージカルのミの字もない時代でした。このときご一緒した方たちの多くは亡くなってしまいましたが、「90歳の舞台を一緒に作ってくれる？」と訊いてみたい。「やろうよ、俺たちも頑張るから」そう言ってくれるに違いない。もう一度、すっからかんになっても、あのくらいの仕事をやらなければ死ぬに死ねないのです。

たった一晩の公演で、貯金通帳が空っぽに

死化粧をして差し上げた、兼高かおるさんとの友情

兼高かおるさんとは、お互いさっぱりした性格で、気取らず本音で話すことができる友人関係でした。

出会いは、1967年に兼高さんのテレビ番組『兼高かおる 世界の旅』に出演させていただいたことです。

そもそもは番組で兼高さんが語られる海外のお話に惹かれて、「私も行ってみたい」とお話したら、当時のパンアメリカン航空のミスター・ジョーンズさん（若い方はご存じないかもしれませんが、大相撲の表彰式での「ヒョー・ショー・ジョウ」でも有名な方です）が、「どうぞ」とおっしゃってくださり、実現したのです。

私はパリを経由して、兼高さんたちとローマで落ち合いました。ローマではバチカン市国でローマ法王に謁見して、メダルを直接いただいたり、スペインのバレンシアでは火祭りを見学したり。兼高さんとご一緒だからこその楽しい旅でした。

バレンシアの民宿では、部屋にベッドがふたつあるだけの部屋にふたりで泊まりました。台所を借りてご飯を炊いて。おかずは、市場で買った野菜と、三木のり平さんがコマーシャルしていた海苔の佃煮だけ。

それから何十年とおつきあいは続き、東北の温泉宿に行ったり、お互いの家を行き来したり、真夜中に長電話をしては毒を吐きながらよく政治の話をしていました。彼女は90歳で亡くなりましたが、死化粧もして差し上げることができました。

シャーリーもマロも、
草笛さんの腕の中で
永遠の眠りについた。

「またマロのような子に来てほしいけれど、
私の年齢では飼うのは
難しいのかもしれませんね」

犬は、心に癒しと潤いをくれる存在

犬は、私の人生に欠かせないパートナーです。

横浜の母方の祖父母の家では、ずっと犬を飼っていて、子どもの頃からいつも犬が傍にいる環境で育ちました。昭和の前半ですからもちろん雑種です。私も雑種だし、犬も雑種がいいと思っていたのですが、あるとき、親しくしていた舞台美術家の朝倉摂さんが、「大きな犬を飼いなさい。本当に可愛いいから」とおっしゃって。朝倉さんのご紹介で、画家の池田満寿夫さん、ヴァイオリニストの佐藤陽子さんご夫妻から、白いメスのゴールデン・レトリーバーをいただきました。それからは大きい犬に夢中。名前は当時、主演していた舞台『私はシャーリー・ヴァレンタイン』から名付けて、シャーリー。座っている姿がスフィンクスのようでとても美しかったです。

2018年5月に14歳で亡くなったマロは黒いラブラドール・レトリーバー。石井ふく子さんがご紹介くださった、画家の絹谷幸二さんのところからいただいたオスで、毎朝ベッドまで新聞を持って来てくれました。あんな優しい子にはもう巡り合えないでしょうね。

本書に登場してもらった、ご近所犬のゴールデン・レトリーバーのサヴィちゃんとは、行きつけの花屋さんで出会いました。マロやシャーリーを忘れることはありませんが、遠くからでも私を見つけると尻尾をブンブン振ってうれしそうに歩いてくる姿が、可愛くて仕方がありません。サヴィちゃんに会うときは、必ずちょこっとおしゃれをして口紅をちょっとつけるんです。ボーイフレンドには好かれたいですから。

まだまだ“いい仕事”がしたい

私は、2023年10月22日に満90歳を迎えます。

この頃はどのインタビューでも「いつまでも、現役の女優として輝き続ける秘訣」を聞かれることがあります。答えに窮してしまうのですが、敢えて言えば、普通に生きているからでしょう。

誰かにいいところを見せようとか、無理に頑張ろうとはせずに、そのまんまで生きている。〝そのまんま光子〟、それが、とっても楽なんです。

雑誌のインタビューでは「今後の目標は？」とよく質問を受けます。90歳だからもうゆっくりしたいとか答えるべきなのでしょうが、私はまだまだ〝いい仕事〟がしたいのです。〝いい仕事〟とは、美しく映りたいとか、若く見られたいとか、衣装を褒められたいとか、そういうことではありません。それは〝心〟です。やはり女優は、人に感動してもらわなければ生きている意味がない。

私はそう思うのです。そのために、いつでも準備万端整えておく必要があります。「元気が一番、楽するな！」とよく口にします。いろんな元気がありますけれども、〝生き方〟を年とともにうまく自分で探して、どうやったら元気に生きていけるか、どう生き抜いてやろうかと日々考えています。

今の願いは、人のお役に立てる女優になりたい、ただそれだけです。

おわりに

おしゃれが億劫というのもわかります。私もそう。
クローゼットをのぞいてみてください。
あ、こんな洋服持っていたかしら？　と思ったら
さっそく腕を通してみましょう。
おしゃれの意欲が湧いてくる……はず。
元気があればなんでもできる……はず。
二度目のクローゼット公開をさせていただいたことで、
皆さまの元気を取り戻すお手伝いが、
少しでもできましたならば幸いです。

草笛光子
くさぶえ・みつこ

1933年生まれ。神奈川県出身。1950年松竹歌劇団に入団。

1953年映画『純情革命』でデビュー。主な映画出演作として、社長シリーズ、成瀬監督シリーズ、『犬神家の一族』(1976)ほか横溝正史シリーズ、『沈まぬ太陽』(2009)、『武士の家計簿』(10)、『ばぁちゃんロード』(18)、『老後の資金がありません!』(21) などがある。

舞台では、『ラ・マンチャの男』『王様と私』『シカゴ』『ピピン』『私はシャーリー・ヴァレンタイン』『6週間のダンスレッスン』などに出演。近年のTVドラマでは、
11回目の出演となるNHK大河ドラマ『鎌倉殿の13人』(22) 比企尼役で好評を得た。

芸術祭演劇優秀賞、NHK放送文化賞、紀伊國屋演劇賞個人賞、菊田一夫演劇賞特別賞、
読売演劇大賞優秀女優賞、毎日芸術賞、第45回日本アカデミー賞優秀助演女優賞、ほか多数受賞。

日本を代表する女優として、舞台、映画、TVドラマで活躍。

1999年に紫綬褒章、2005年に旭日小綬章を受章。

STAFF

フォトグラファー ／ 天日恵美子

スタイリスト ／ 清水恵子(アレンジメント K)

ヘアメイク ／ 中田マリ子(HAIRBELL MAKE UP OFFICE)

デザイン ／ ないとうはなこ

イラスト ／ 鈴木さとみ(wyeth wyeth)

静物撮影(P60・84) ／ 有馬貴子(本社写真編集室)

アシスタントフォトグラファー ／ 林 紗也

校閲 ／ 滄流社

編集 ／ 井ノ口裕子

・

衣装協力 ／

ユニクロ

PAS MARQUE

伊勢丹新宿店 本館2階 婦人靴
ジミー チュウ　ロジェ ヴィヴィエ

大丸松坂屋百貨店
ファッションサブスクリプションサービス
アナザーアドレス anotheraddress.jp

・

撮影協力 ／

ホテルニューグランド

BOTANICAL SHOP foo-flo
Tel : 090-9821-9077
Instagram : fooflo_botanical

讃 喫茶室

伊勢丹新宿店
本館2階 婦人靴 クリスチャン ルブタン
シャンパーニュバー「ザ・スタンド」
〒160-0022 東京都新宿区新宿3-14-1

・

協力 ／

草琇舎

オスカープロモーション

・

Special thanks ／那須 壽&サヴィ

草笛光子 90歳のクローゼット

著者　草笛光子
編集人　石田由美
発行人　倉次辰男
発行所　株式会社主婦と生活社
〒104-8357 東京都中央区京橋3-5-7
https://www.shufu.co.jp/
編集部　☎03-3563-5361　FAX.03-3563-0528
販売部　☎03-3563-5121
生産部　☎03-3563-5125

製版所　東京カラーフォト・プロセス株式会社
印刷所　大日本印刷株式会社
製本所　共同製本株式会社

ISBN978-4-391-15848-9